CURSO DE PIANO

Mário Mascarenhas

2º Volume

Nº Cat.: 280-M

Irmãos Vitale Editores Ltda.
vitale.com.br
Rua Raposo Tavares, 85 São Paulo SP
CEP: 04704-110 editora@vitale.com.br Tel.: 11 5081-9499

© Copyright 1971 by Irmãos Vitale Editores Ltda. - São Paulo - Rio de Janeiro - Brasil.
Todos os direitos autorais reservados para todos os países. *All rights reserved*.

Dados Internacionais de Catalogação na Publicação (CIP)
(Câmara Brasileira do Livro, SP, Brasil)

Mascarenhas, Mário
　　Curso de piano : 2º volume : para jovens e adultos / Mário Mascarenhas.
　　Irmãos Vitale, 1999.

ISBN 85-7407-083-1
ISBN 978-85-7407-083-4

1. Piano - Estudo e ensino I. Título.

99-5021　　　　　　　　　　　　　　　　　　　　CDD-786.207

Índice para catálogo sistemático:

1. Piano : Estudo e ensino　786.207

FOTO DA CAPA
Álvaro Rosales

PREFÁCIO

A série de Métodos para Piano do Professor Mário Mascarenhas iniciou-se com "Duas Mãozinhas no Teclado" e "O Mágico dos Sons", elaborados especialmente para crianças, com ilustrações em cores, a fim de despertar e estimular mais ainda o interesse pelo piano.

Dando prosseguimento a esta série, o autor apresenta agora o "CURSO DE PIANO" em 3 volumes, para jovens e adultos.

A presente obra se baseia nos programas de quase todos os Conservatórios oficializados do Brasil, atendendo portanto às exigências de exames não só na Guanabara, Brasília e São Paulo, mas também nos outros Estados, pois aqueles Conservatórios obedecem rigorosamente aos princípios estabelecidos pela Lei de Diretrizes e Bases.

Além disso, foi realizada pesquisa entre Diretores e Professores de vários Estados sobre os estudos de Czerny e Hanon, para que fosse feita minuciosa seleção dos estudos favoritos para exame.

Embora o "CURSO DE PIANO" abranja o mecanismo completo (escalas e arpejos), relacionado com os anos a que se destinam os presentes volumes, o autor incluiu também as Sonatinas de diversos autores, peças de Burgmüller e Bach e, como peças brasileiras, composições de sua autoria.

Observando a técnica dos Grandes Mestres, por isso internacionalmente aprovada, estes três volumes equivalem, em essência, a uma antologia criteriosamente elaborada. Inovar na matéria seria negligenciar a soberba literatura musical desses Mestres, de que o estudante deve valer-se para alicerçar sua erudição artística.

O manuseio constante de obras didáticas, o convívio freqüente com professores de todo o Brasil e a experiência adquirida como examinador são as credenciais com que o autor justifica a sua esperança em ter podido atinjir o objetivo primordial de seu trabalho, qual seja o de sintetizar o material necessário para que o estudante venha a realizar com brilho os seus exames.

Finalmente, almeja o autor que o seu trabalho, a par de modesta colaboração ao incentivo daqueles que iniciam a maravilhosa arte pianística, possa vir a ser também uma pequena contribuição para o aprimoramento cultural de nosso povo e a difusão, aquém e além fronteiras, da boa música brasileira.

IRMÃOS VITALE
(OS EDITORES)

AGRADECIMENTOS

À competente Professora Belmira Cardoso, do Conservatório Brasileiro de Música, que, com seus sólidos conhecimentos da arte pianística e grande experiência didática, colaborou diretamente nesta obra com a revisão do dedilhado;

Ao Ilmo. Sr. Dr. Professor Alonso Aníbal da Fonseca, Diretor do Conservatório Dramático e Musical de São Paulo, que amàvelmente me proporcionou todas as facilidades;

Às Professoras Leonilda Genari Prado, Carmen Fernandes, Maria de Freitas, Aracy de Freitas e Irene Maurícia de Sá, que tão gentilmente me orientaram sobre o programa do Conservatório Dramático e Musical de São Paulo;

A todos, minha sincera gratidão.

Mário Mascarenhas

A presente obra é adotada no programa de piano do «CONSERVATÓRIO NACIONAL DE MÚSICA AMÉRICA», de Montevidéu, cujo diretor é o renomado Mº. Baltasar Sierra, assessorado pela ilustre Prof. Haydeé Silveira. Este CONSERVATORIO possui 67 filiais em todo o território da República Oriental do Uruguai.

HOMENAGEM

Às professoras que cooperaram com suas valiosas opiniões durante a elaboração do 1.º volume desta obra e na pesquisa dos estudos do 2.º e 3.º volumes, meu profundo e mais sincero agradecimento: Gilda Barbastefano Lauria, Sofia Vieira de Freitas, Rachel Mendonça de Castro, Anna Thereza de Souza Ferreira, Araulieta Líbero Rolim, Zélia de Lima Furtado, Amélia Duarte, Nair Barbosa, Hermengarda G. A. Silva, Marina Sá Freire, Lucinda Tavares, Elvira Polônia Amabile, Zinaide Santarém Ligiero, Georgina Batista Mansur, Hilda Falcão, Ivete Marques, Natércia Teixeira, Dulce Lamas, Jessy de Almeida Tôrres, Ordália Lanzilotti Jacobina e Edna Lacreta Rondinelli, todas do Conservatório Brasileiro de Música e Naja Silvino, da Escola de Música da Universidade Federal do Rio de Janeiro.

Mário Mascarenhas

Índice

Pág.

A CANÇÃO DO FERREIRO - Mário Mascarenhas	96
A POLCA DOS PINGUINS - Mário Mascarenhas	68
A TRISTEZA E A ALEGRIA - Mário Mascarenhas	66
ANDORINHAS VOANDO - Mário Mascarenhas	78
ARABESCOS - F. Burgmüller	82
BALADA - F. Burgmüller	80
BATUQUE - Mário Mascarenhas	69
CRIANÇA BRINCANDO - Canção Lúdica - Mário Mascarenhas	52
CZERNY - Germer	85
DANÇA CIGANA - Mário Mascarenhas	72
DOCE QUEIXA - F. Burgmüller	84
ESCALAS MAIORES COM ARMADURAS DE SUSTENIDOS	24
ESCALAS MENORES COM ARMADURAS DE SUSTENIDOS	25
ESCALAS MAIORES COM ARMADURAS DE BEMÓIS	32
ESCALAS MENORES COM ARMADURAS DE BEMÓIS	33
ESCALA CROMÁTICA	38
EXERCÍCIOS PREPARATÓRIOS PARA O CZERNY	6
FESTA NO SERTÃO - Mário Mascarenhas	64
GALOPE - Mário Mascarenhas	60
HANON (20 Estudos)	14
MARCHA MILITAR - Mário Mascarenhas	62
MINUETO GRACIOSO - Mário Mascarenhas	76
MODA DE VIOLA - Mário Mascarenhas	59
NOÇÕES SOBRE O PEDAL	63
O BEDUÍNO - Mário Mascarenhas	74
O PRIMEIRO MESTRE DE PIANO - Opus 599 - Czerny	39
O TOUREIRO - Mário Mascarenhas	70
O VIOLEIRO CANTADOR - Mário Mascarenhas	94
OS CINCO DEDOS - Opus 777 - Czerny	8
PASTORAL - F. Burgmüller	83
PEQUENA TARANTELA - Mário Mascarenhas	56
PRELÚDIO EM LÁ MENOR - Mário Mascarenhas	57
SONATINA Nº 1 - Opus 36 - Muzio Clementi	98
TARANTELA - Mário Mascarenhas	58
UM BAILINHO NA FAZENDA - Mário Mascarenhas	54

Exercícios Preparatórios para o Czerny

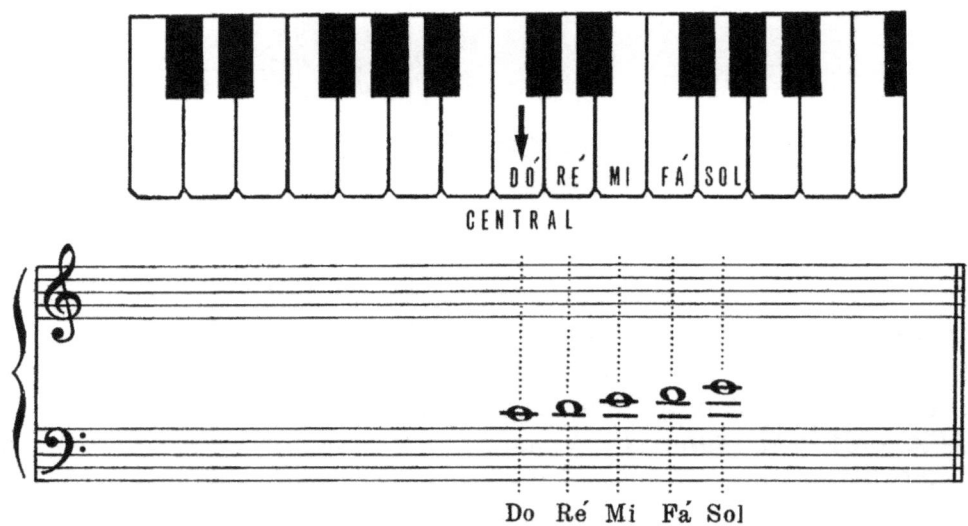

Prática das notas nas linhas e espaços suplementares superiores na Clave de Fá

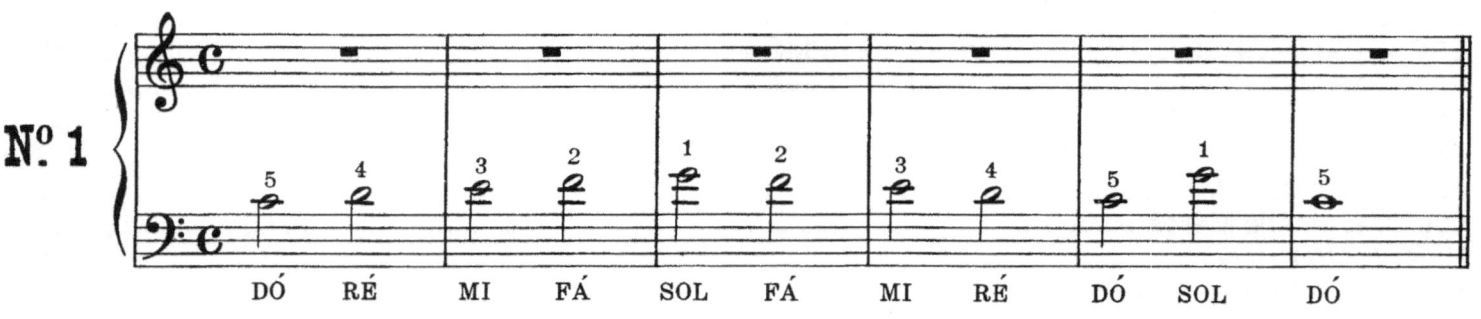

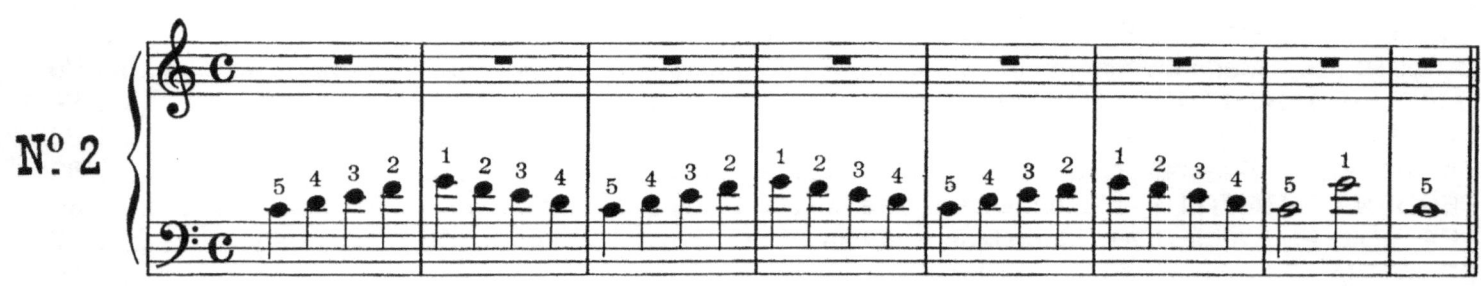

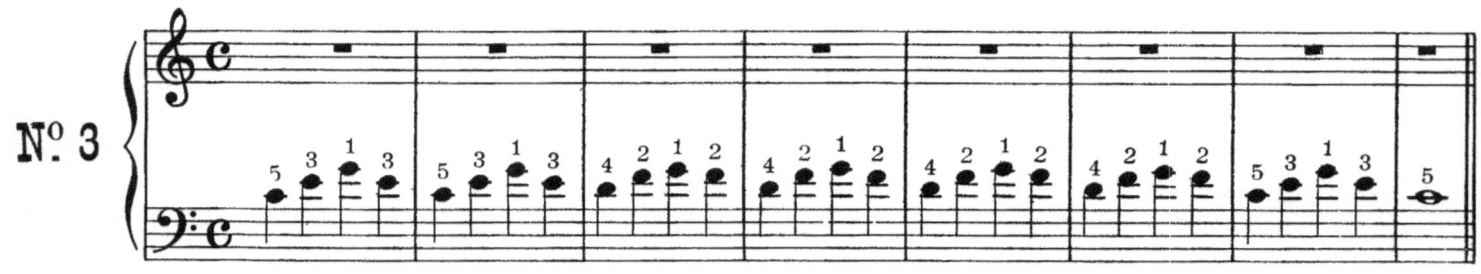

C. Czerny

OS CINCO DEDOS - Opus 777

Transportados da Clave de Sol da mão esquerda para a Clave de FÁ

Os primeiros estudos de Czerny e Gurlitt, nos originais, foram escritos na Clave de Sol para as duas mãos. Afim de que o aluno domine a leitura das Claves de Sol e Fá, simultaneamente, o autor deste livro, conforme a didática moderna, achou conveniente transportar a Clave de Sol da mão esquerda para a Clave de Fá, sem alterar a localização das notas no teclado, mudando apenas a grafia musical. No 1º volume, o aluno já tomou bastante conhecimento das notas da Clave de Fá, colocadas dentro da pauta, portanto, não sentirá dificuldade em aprender mais **5** nas linhas suplementares superiores.

Estudo Nº 1 - Opus 777

Czerny

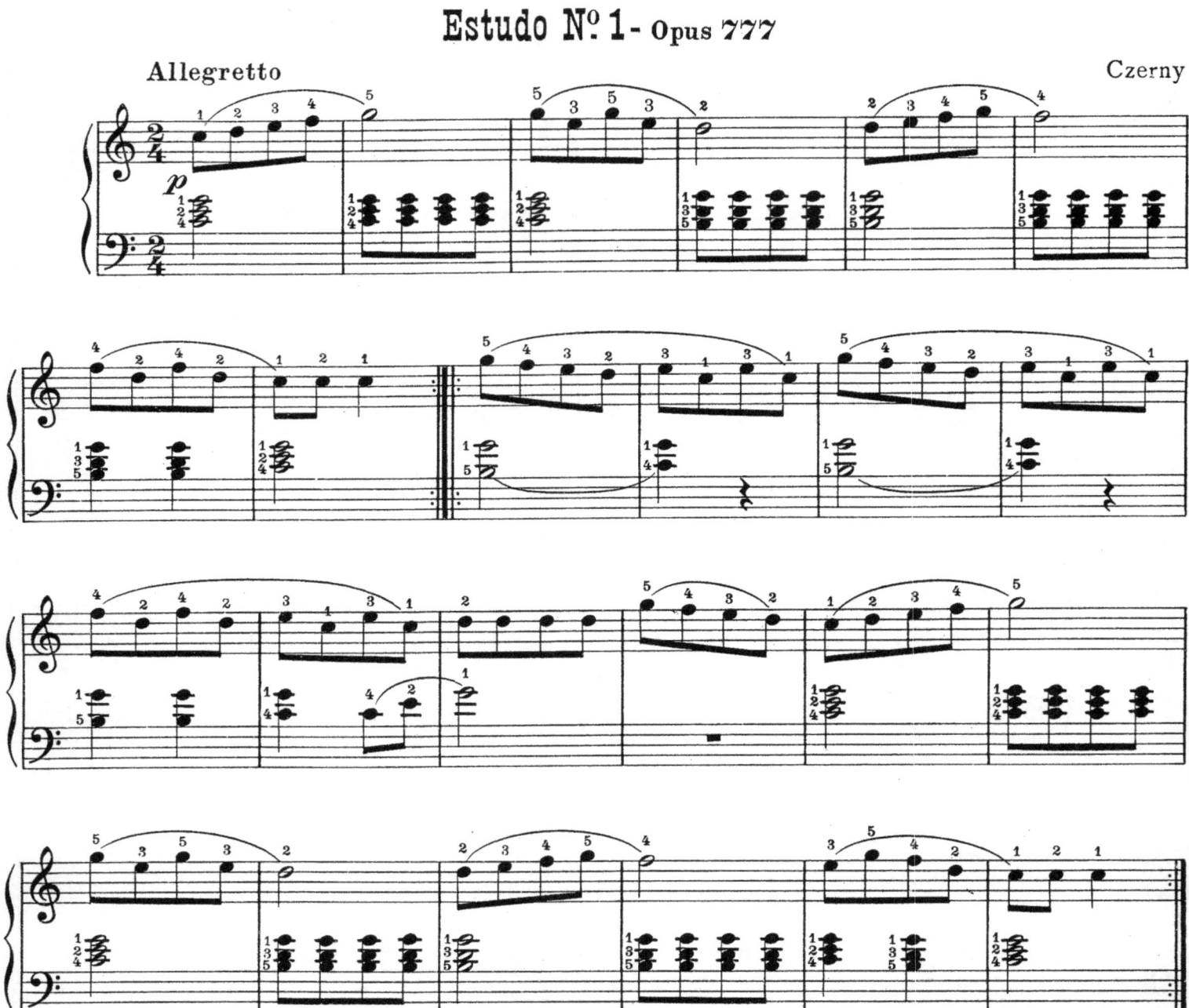

Estudo Nº 2 - Opus 777

Allegretto

Czerny

Estudo Nº 3 - Opus 777

Allegro

Czerny

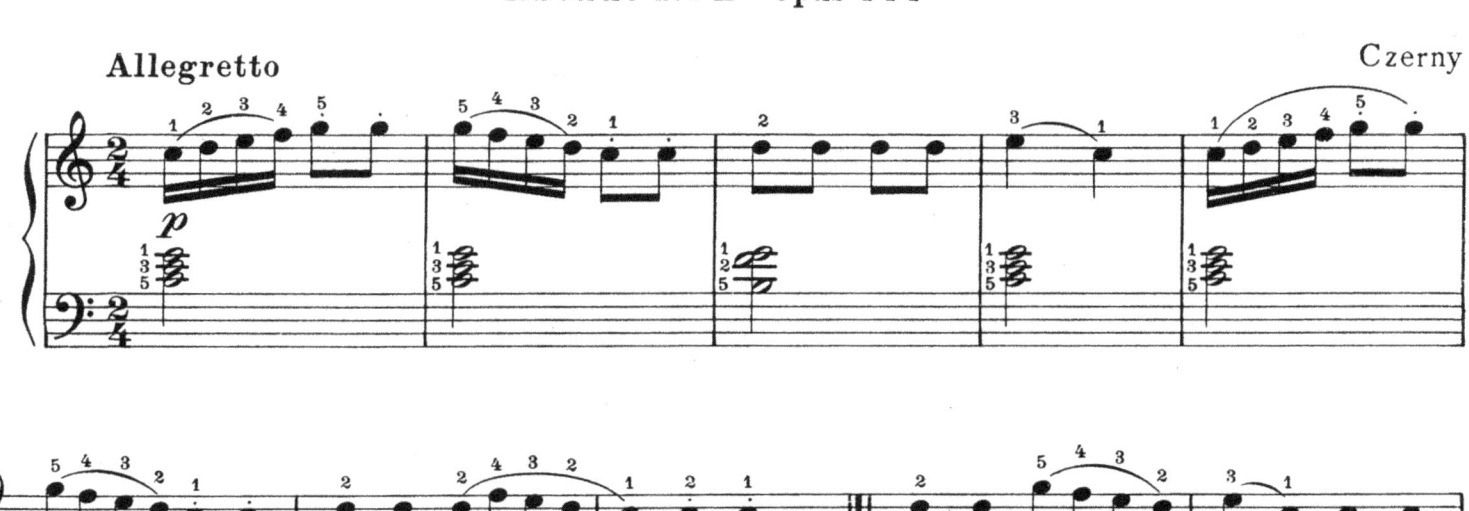

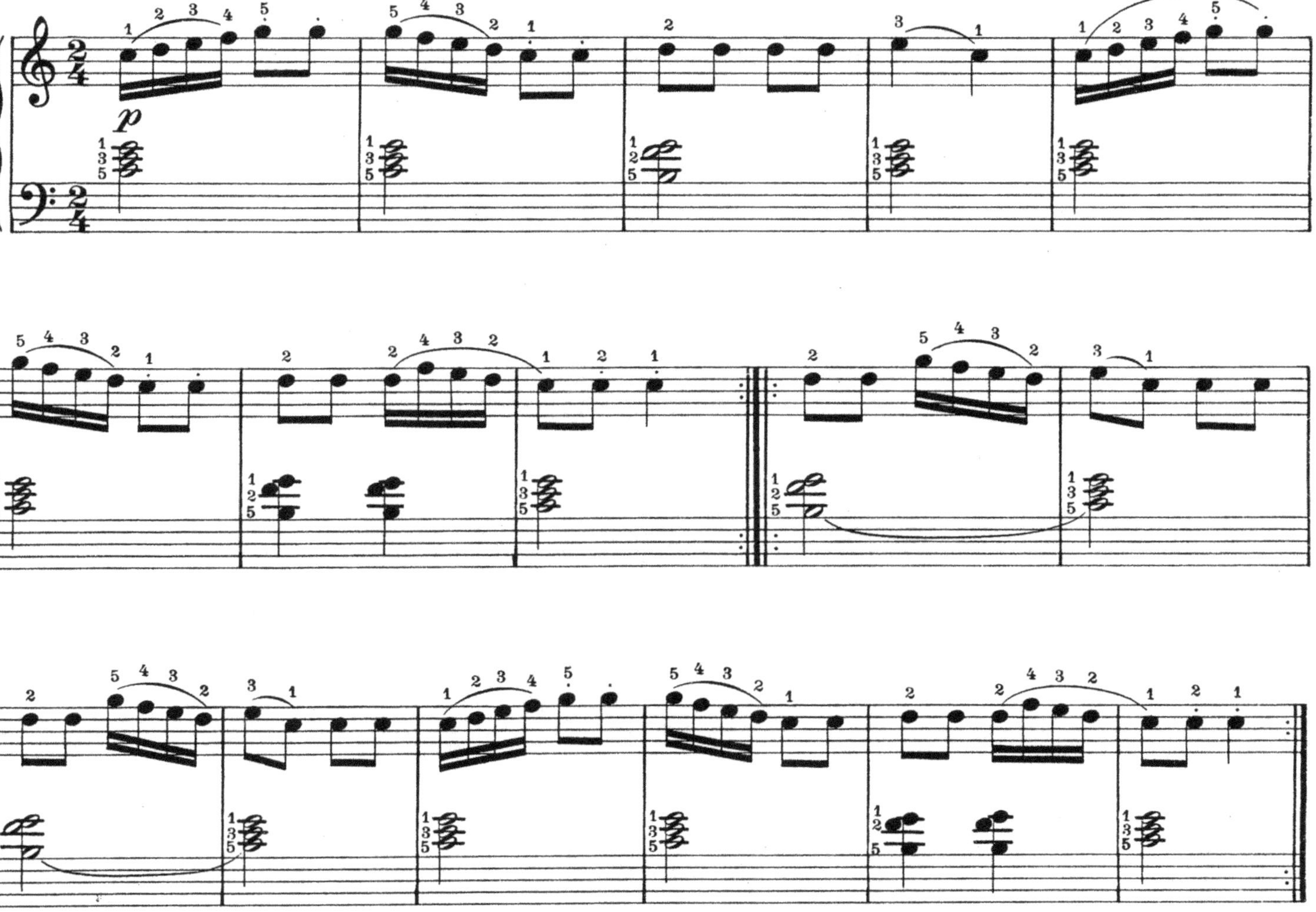

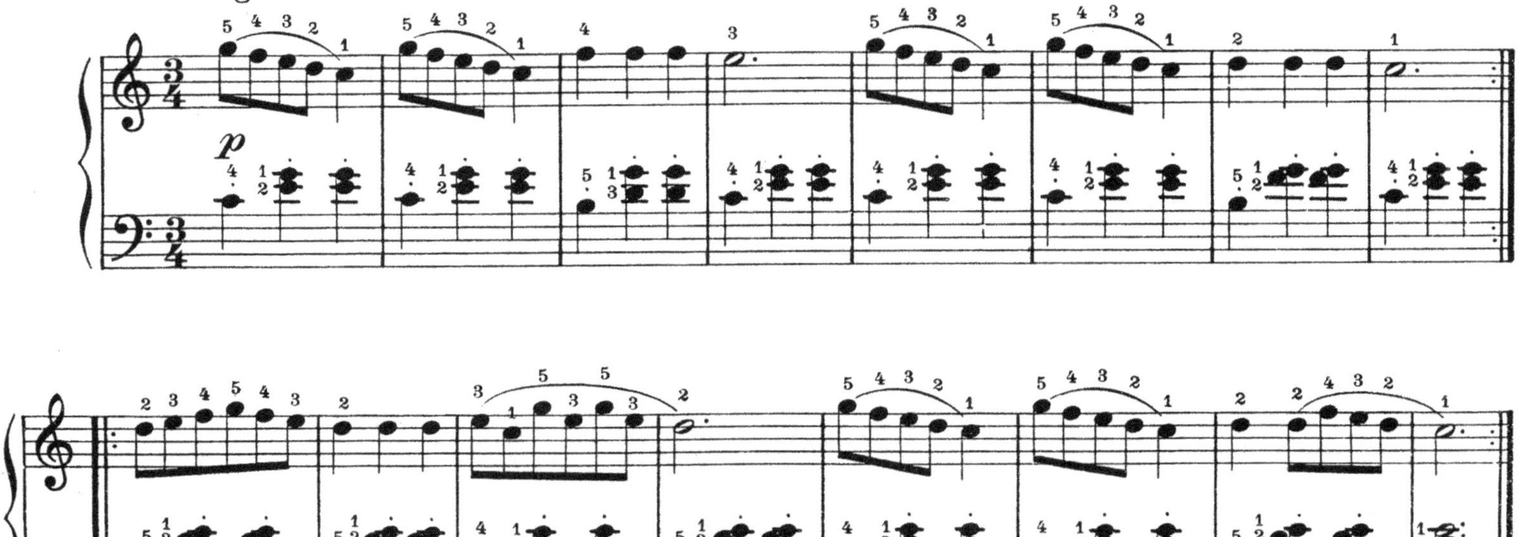

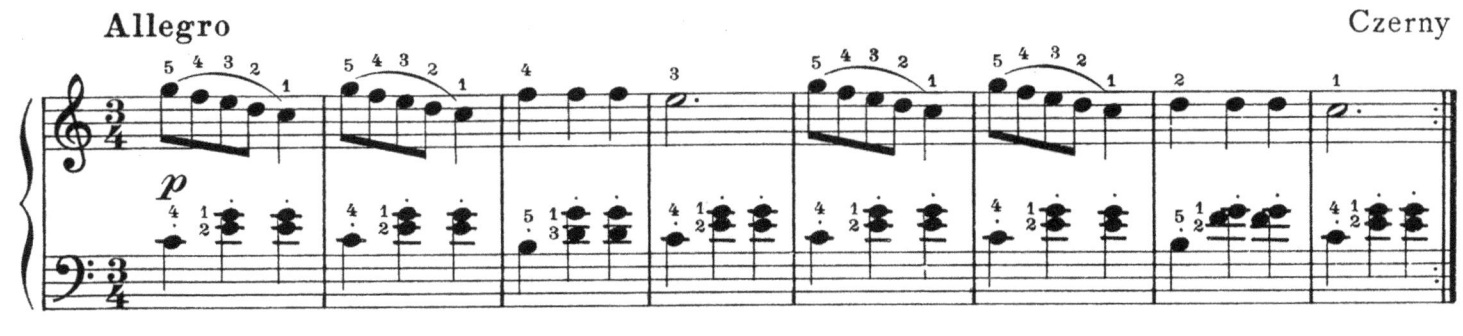

Estudo Nº 4 - Opus 777

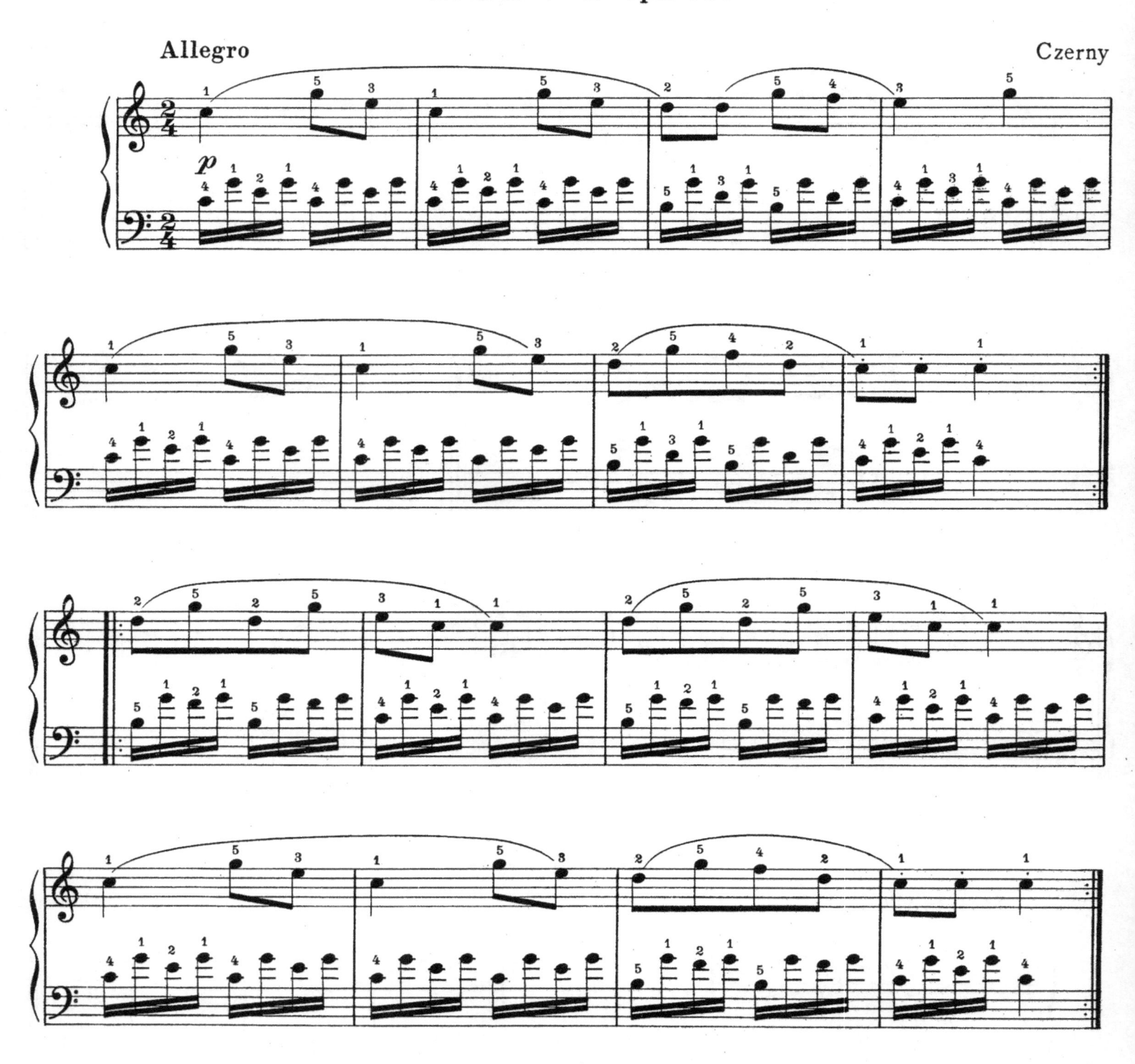

Allegro   Czerny

Estudo Nº 5 - Opus 777

Allegro Vivace   Czerny

Estudo Nº 12 - Opus 777

Czerny

HANON
Estudo Nº 1

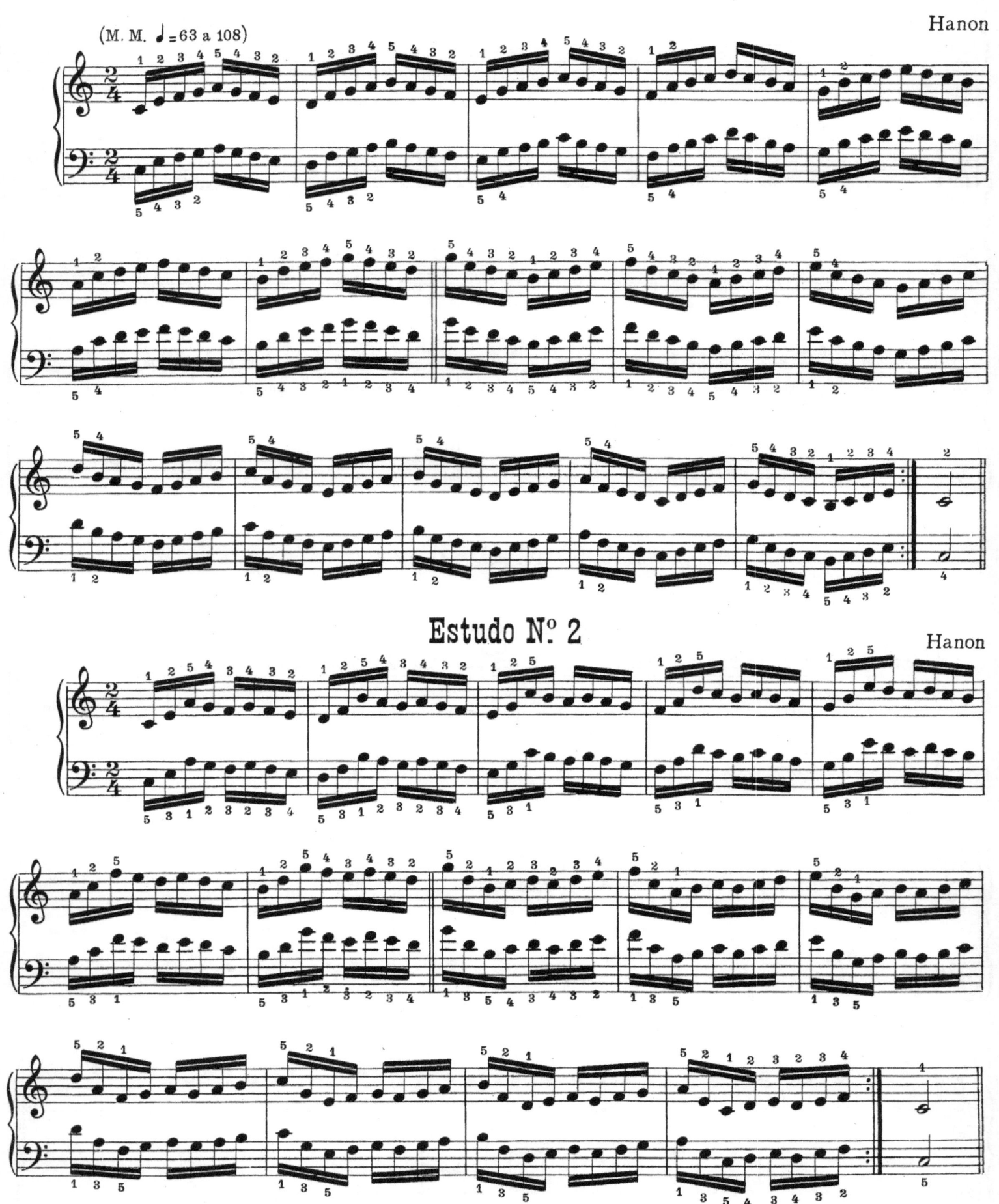

Estudo Nº 2

Os exercícios de Hanon devem ser tocados primeiramente legato e depois staccato.

Estudo Nº 3

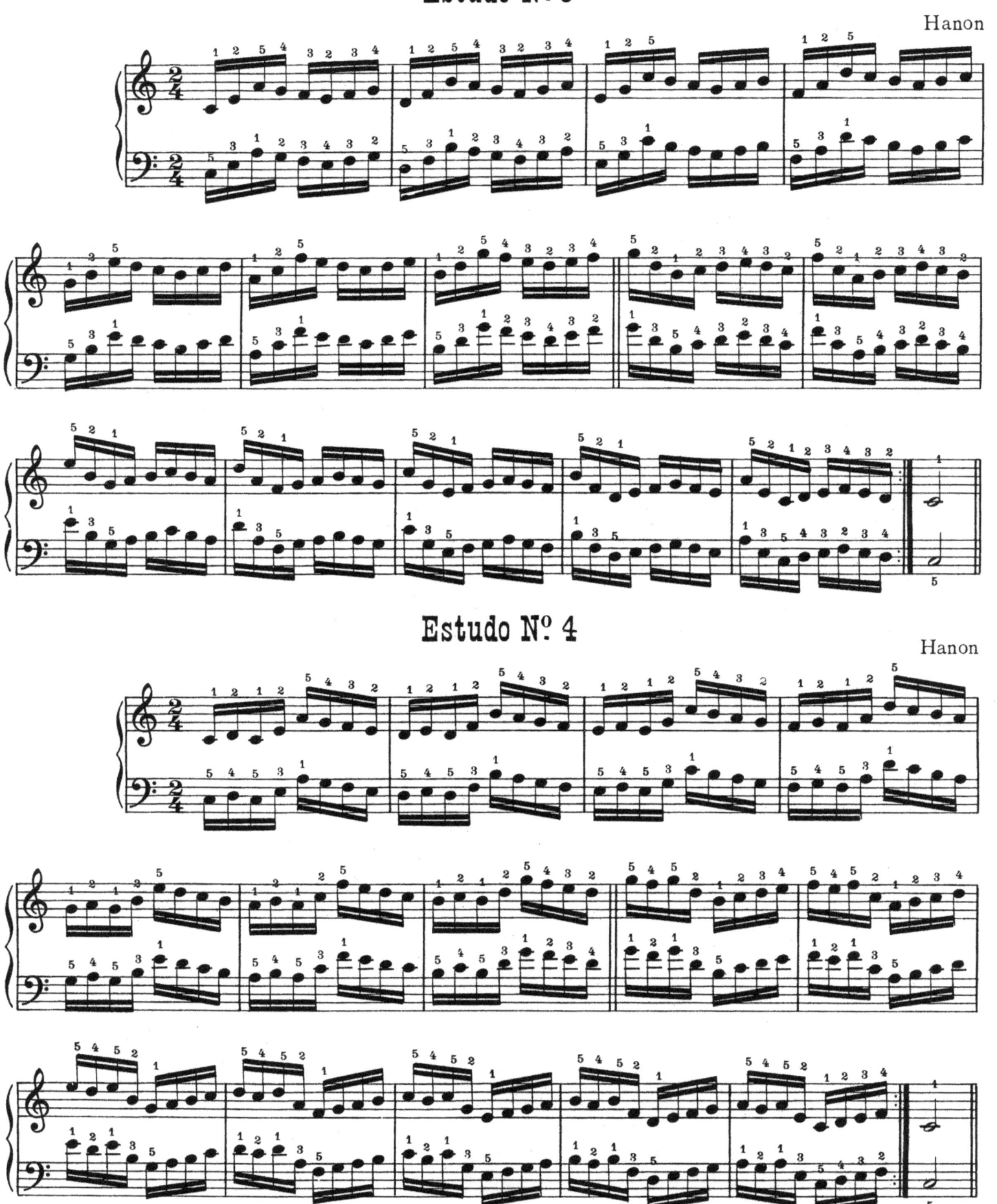

Hanon

Estudo Nº 4

Hanon

O aluno, depois de perfeita igualdade de execução, poderá começar estes exercícios uma 8ª abaixo, ficando assim em 3 oitavas

Estudo nº 11

HANON

Estudo nº 12

HANON

Estudo nº 13

HANON

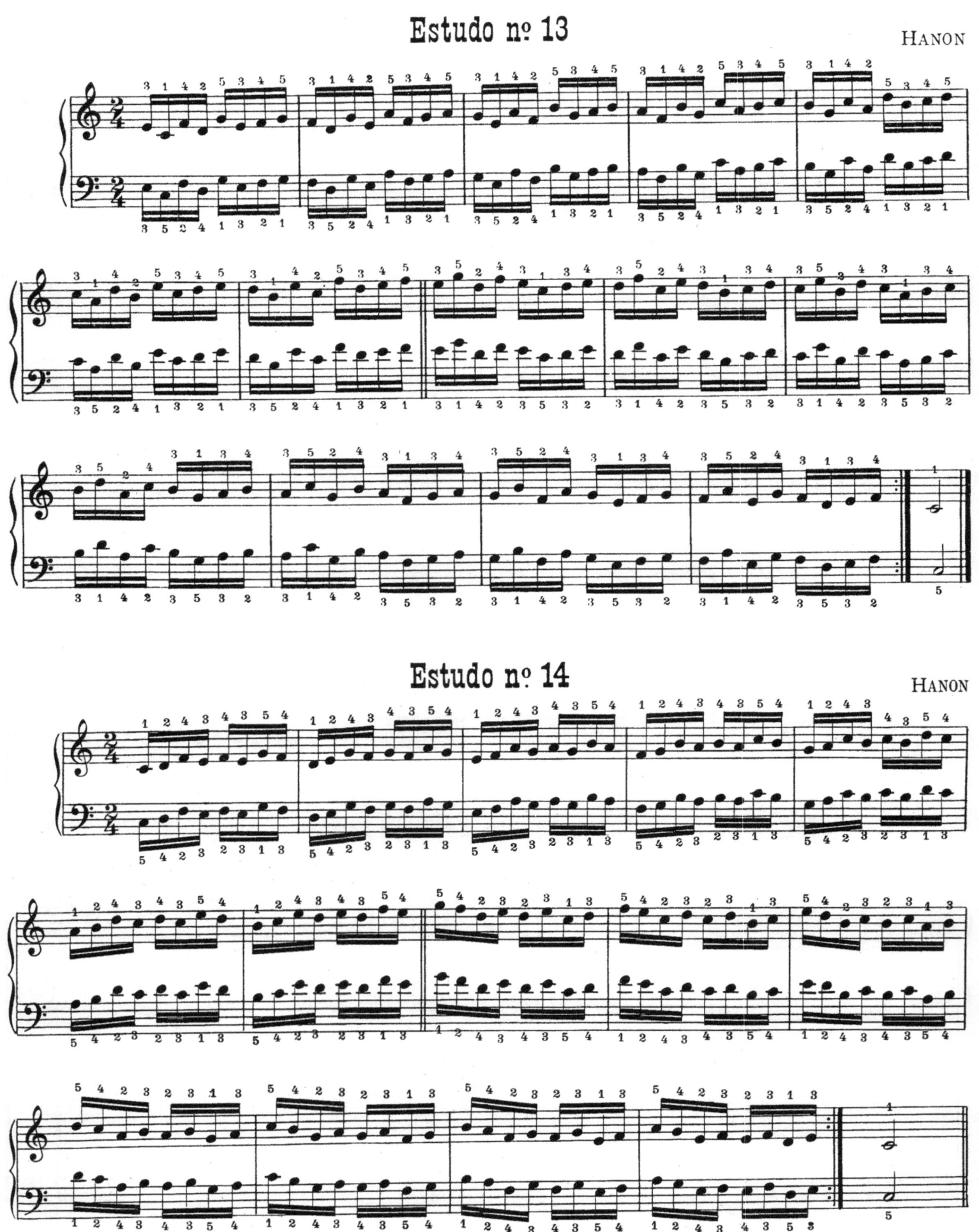

Estudo nº 14

HANON

Estudo nº 15

HANON

Estudo nº 16

HANON

Escalas Maiores

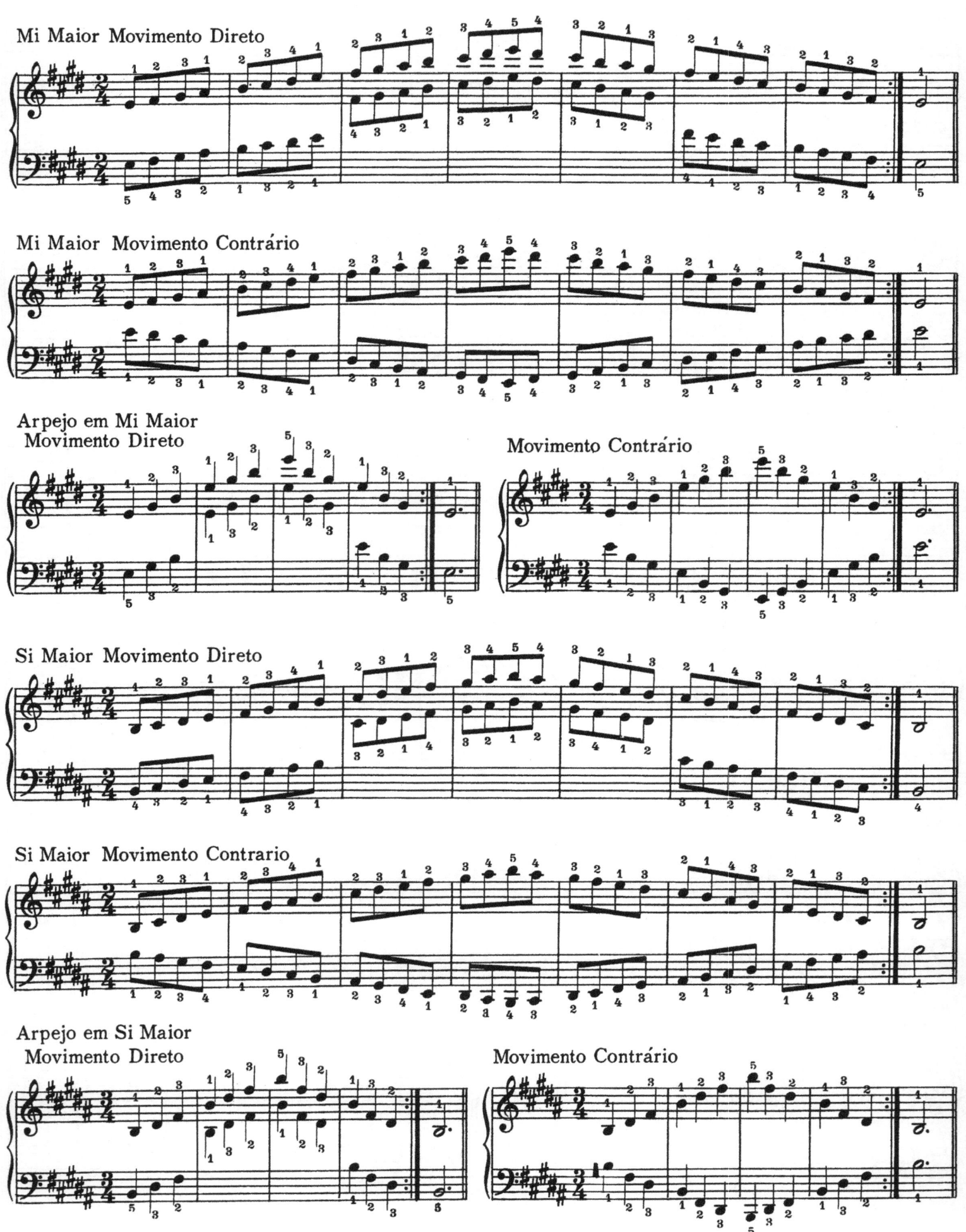

Si♭ Menor – Movimento Direto

Si♭ Menor – Movimento Contrário

Arpejo em Si♭ Menor
Movimento Direto

Movimento Contrário

Mi♭ Menor – Movimento Direto

Mi♭ Menor – Movimento Contrário

Arpejo em Mi♭ Menor
Movimento Direto

Movimento Contrário

Escala Cromática

MOVIMENTO DIRETO

MOVIMENTO CONTRÁRIO

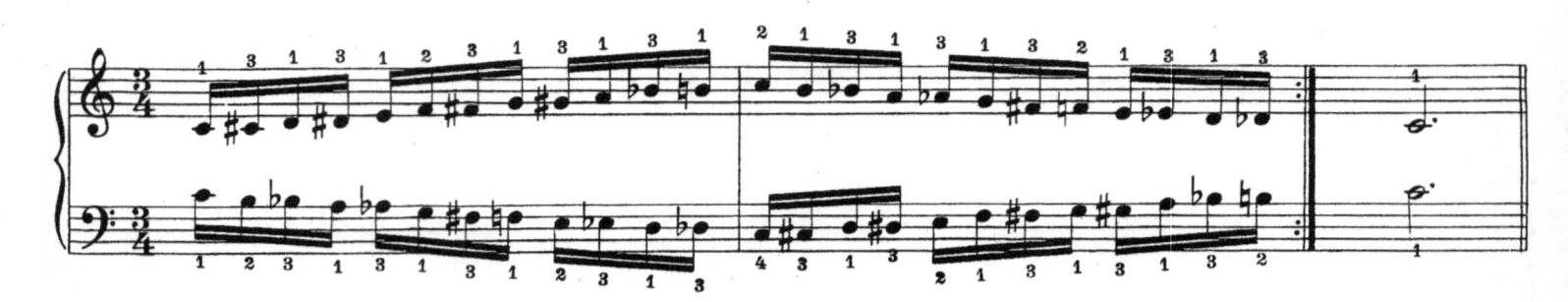

Escala Cromática em 2 oitavas

MOVIMENTO DIRETO

MOVIMENTO CONTRÁRIO

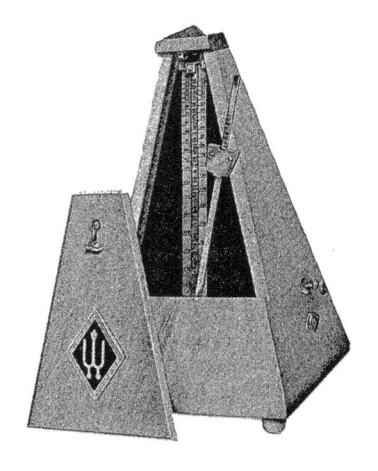

METRÔNOMO

As palavras usadas para o andamento não podem dar o sentido exato, por isso, usa-se o Metrônomo, aparelho que determina o andamento justo. Tem a forma de uma pirâmide, com mecanismo de relojoaria que faz movimentar um pêndulo preso em baixo. Um pequeno peso desliza neste pêndulo que traz uma escala graduada. Conforme a posição do pêndulo, mais alto ou mais baixo, acelera ou retarda o movimento. Muitas músicas trazem no princípio a indicação do Metrônomo, assim: M.M. 108, etc.

C. Czerny

O PRIMEIRO MESTRE DE PIANO - Opus 599

A clave de Sol da mão esquerda foi transportada para a clave de Fá.

Estudo Nº 1 - Opus 599

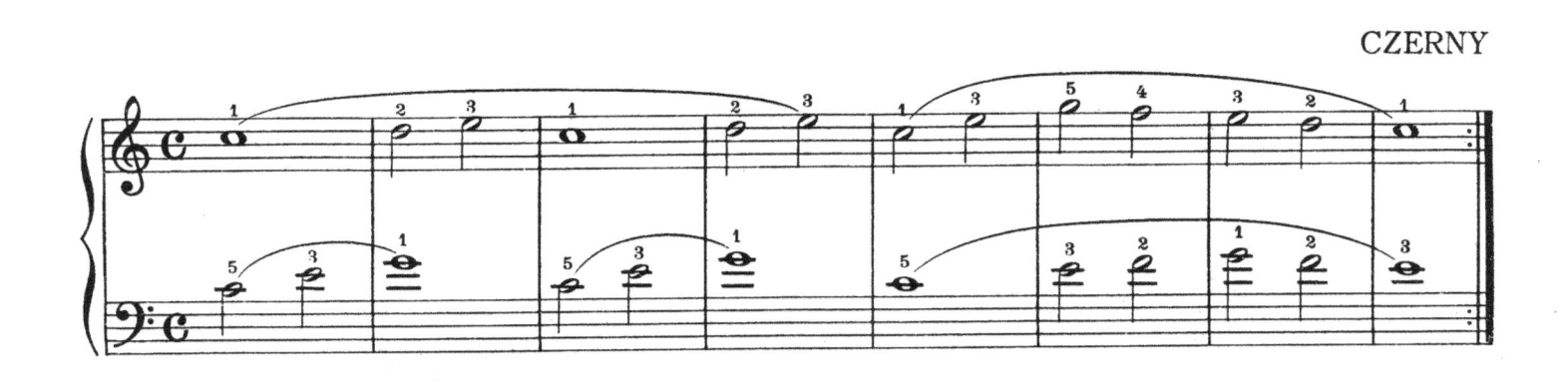

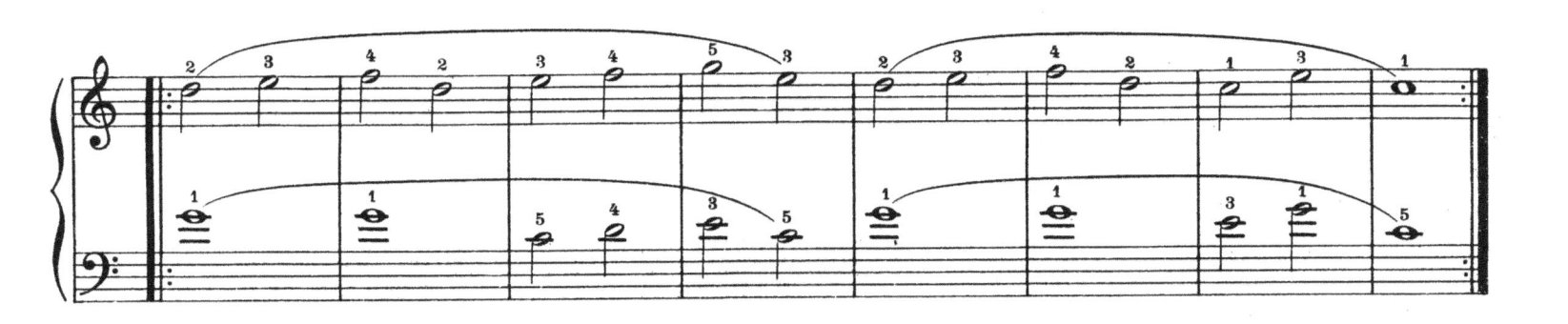

CZERNY

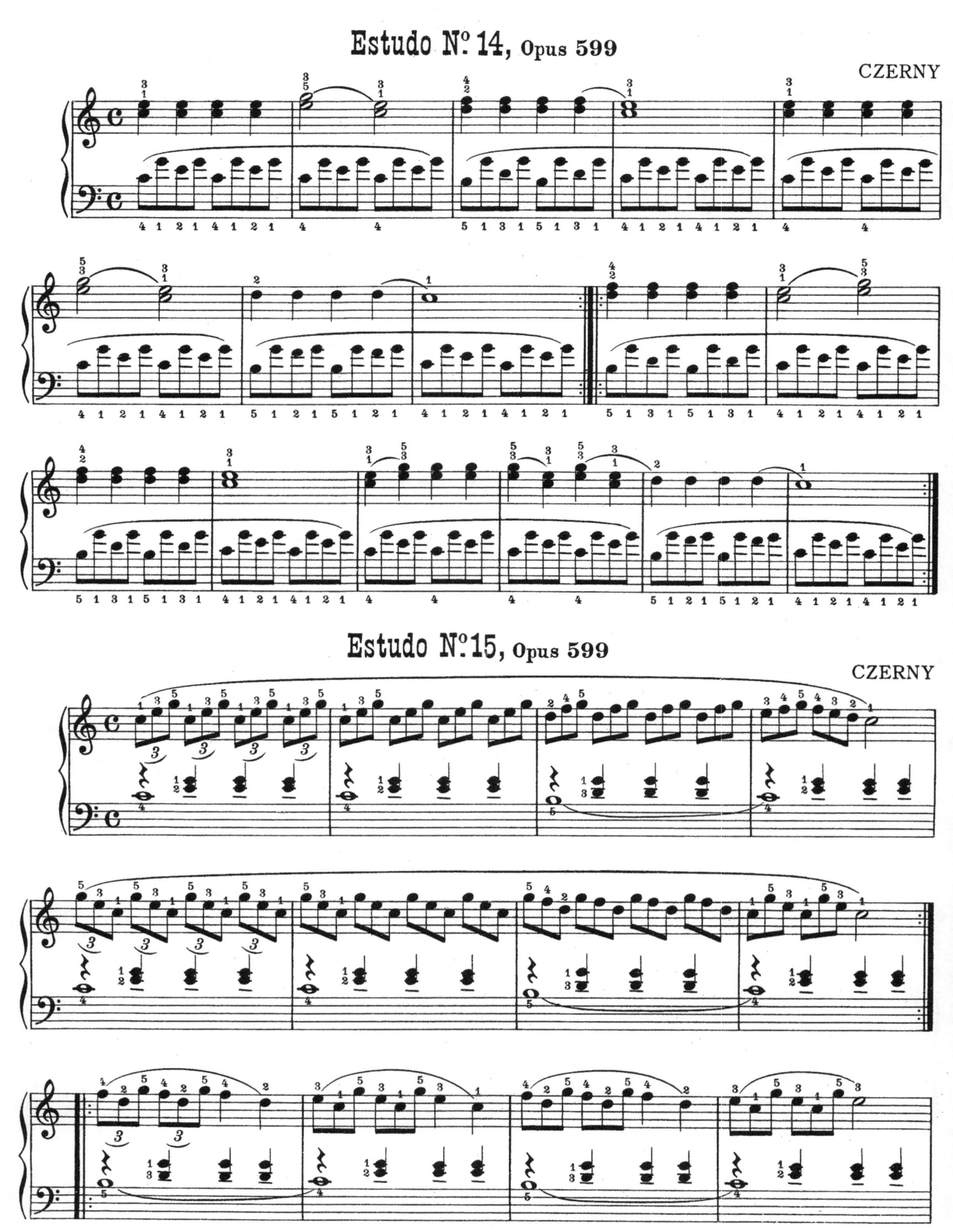

Estudo Nº 14, Opus 599

CZERNY

Estudo Nº 15, Opus 599

CZERNY

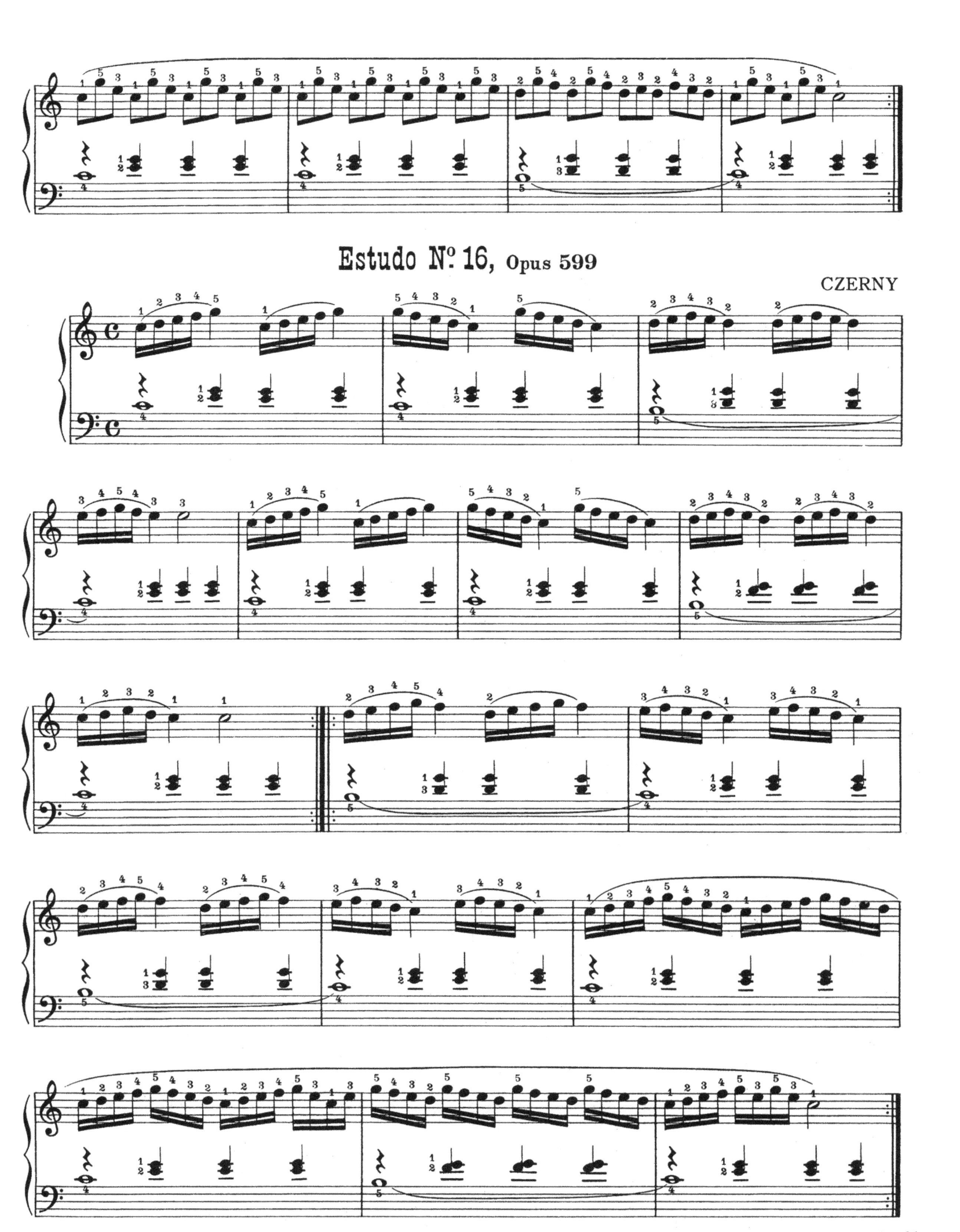

Estudo Nº 16, Opus 599

CZERNY

Estudo Nº 17, Opus 599

CZERNY

Estudo Nº 18, Opus 599

CZERNY

sust.   *sust.*   *sust.*

um pouco destacado *sust.*

Estudo Nº 19, Opus 599

CZERNY

legato

Estudo Nº 21, Opus 599

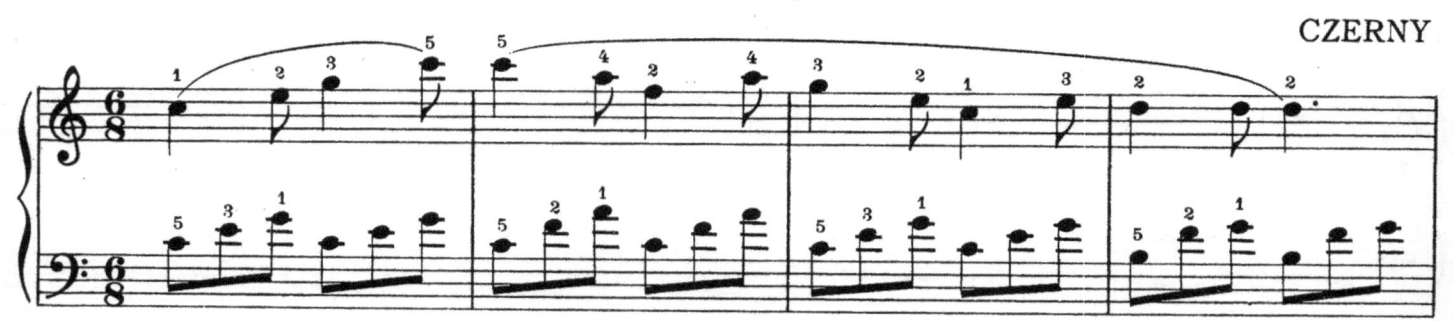

CZERNY

Estudo Nº 23, Opus 599

CZERNY

Estudo Nº 24, Opus 599

CZERNY

Estudo Nº 25 - Opus 599
CZERNY

Estudo Nº 26 - Opus 599
CZERNY

Estudo Nº 27 - Opus 599
CZERNY

Estudo Nº 31 - Opus 599
CZERNY

Estudo Nº 32 - Opus 599
CZERNY

Estudo Nº 33 - Opus 599

CZERNY

Estudo Nº 37 - Opus 599

CZERNY

Estudo Nº 39 - Opus 599

CZERNY

Estudo Nº 40 - Opus 599

CZERNY

Estudo Nº 45 Opus 599

CZERNY

Estudo Nº 49 - Opus 599

CZERNY

Estudo Nº 58 - Opus 599

CZERNY

Criança Brincando
CANÇÃO LÚDICA

MÁRIO MASCARENHAS

MODERATO (M.M. ♩= 92)
Calmo e ritmado
Gracioso

(Não corra!)
B♭7
E♭
Calmo e Gracioso
Cm
Fm
Cm
Cm
Fm
Cm
Fm
Cm
G7
D♭dim
Fm
Cm
G7
Rallentando um pouquinho
Cm

Um Bailinho na Fazenda
MAZURCA

MÁRIO MASCARENHAS

A graça desta música está em conservar sempre o mesmo ritmo, do princípio ao fim, sem parar um só instante. Não deve ser tocada depressa e sim em um ritmo calmo e constante, como fazem as bandinhas da roça, onde os convidados da festa dançam a música pela noite a dentro, num compasso bem marcado e gracioso, sem apressar o passo. Tocar toda ela piano, bem suave, como se fosse em surdina, nunca forte, senão perde a graça. Esta música pode ser repetida quantas vezes quiser.

O baile não pode parar!

Pequena Tarantela

MÁRIO MASCARENHAS

Prelúdio em Lá Menor

MÁRIO MASCARENHAS

Tarantela

MÁRIO MASCARENHAS

Moda de Viola

MÁRIO MASCARENHAS

MODERATO
Devagar e calmo

Galope

MÁRIO MASCARENHAS

Allegro (MM ♩=116)

61

Marcha Militar

MÁRIO MASCARENHAS

Marcial (MM ♩=116)

(imitando Tambor)

Noções sobre o uso dos pedais

Apenas para que o estudante sinta os primeiros efeitos da sonoridade, segue-se pequena noção do uso do pedal direito.

Conforme o seu uso, o pedal direito tem as seguintes denominações:

Pedal Sincopado, usado para o ligado, cuja técnica é a seguinte:

1.°) Executa-se um acorde ou nota, e em seguida pressiona-se o pedal direito.

2.°) Executa-se um novo acorde, levanta-se imediatamente o pedal, abaixando-o novamente, antes de atacar o terceiro elemento sonoro, e assim por diante.

PEDAL SINCOPADO

PEDAL A TEMPO

O pedal direito também tem a finalidade de dar maior amplitude às notas e reforçar a acentuação. É executado ao mesmo tempo em que a nota é pressionada. É muito empregado nas valsas.

PEDAL A TEMPO

Festa no Sertão
BATUQUE

MÁRIO MASCARENHAS

DÓ M
SOL 7
DÓ M
LÁ 7
RÉ m
SOL 7
DÓ M
SOL 7
DÓ M
DÓ 7
Fermata demorada
FÁ M
SOL 7
DÓ M
mf
Refrain
FÁ M
DÓ M
SOL 7
DÓ M
f
FÁ M
DÓ M
SOL 7
DÓ M
glissando
8ª acima

A Tristeza e a Alegria
VALSINHA

MÁRIO MASCARENHAS

DINÂMICA

Quando tocamos piano e queremos interpretar um trecho triste e sentimental, temos que dar muita expressão à música, representando a tristeza, a saudade, etc.

Se você quer representar a alegria, então tem que transmitir felicidade como se estivesse muito contente e feliz. Para isto, são usadas as palavras de expressão, tais como: *Affetuoso, Appasionato, Animato, Grazioso, con Brio*, etc.

Na interpretação de suas músicas, depende muito de você obedecer os andamentos (*Largo, Lento, Andante, Moderato, Allegro, Vivace*, etc.)

Também é muitíssimo importante observar os sinais de intensidade dos sons, como *Piano-p, Pianíssimo-pp, Forte-f, Fortíssimo-ff* e muitos outros mais.

Note bem: os andamentos, os sinais de intensidade dos sons e palavras de expressão, dão o colorido à música, o que se chama: dinâmica.

A Polca dos Pinguins

MÁRIO MASCARENHAS

Batuque

MÁRIO MASCARENHAS

O Toureiro
PASO-DOBLE

MÁRIO MASCARENHAS

ALLEGRO (M.M. ♩= 120)
Vivo e Magestoso

O povo grita: O——— lé!
Dm
C
F
O——— lé!
E
O touro investe contra o toureiro!
Am
E7
LÁm
O toureiro finca as banderilhas no pescoço do touro!
A7
Dm
O povo aplaude
O toureiro vence o touro!
Vitoria do toureiro!
F
E
Am

Dança Cigana

MÁRIO MASCARENHAS

Pratos
RÉm
Pratos
LÁm
MI 7
LÁm
FIM
LARGHETTO (M.M. ♩=54) Cantábile, vagaroso com sentimento – Lamento Cigano
pp
LÁm
Dolente
MI7
FÁ dim
LÁm
DÓ♯dim
LÁ7
SOLdim
RÉm
Pequena suspensão
LÁm
MI7
LÁm
Ao
ao FIM

O Beduíno

MÁRIO MASCARENHAS

Moderato (MM ♩=88)

p lento

calmo

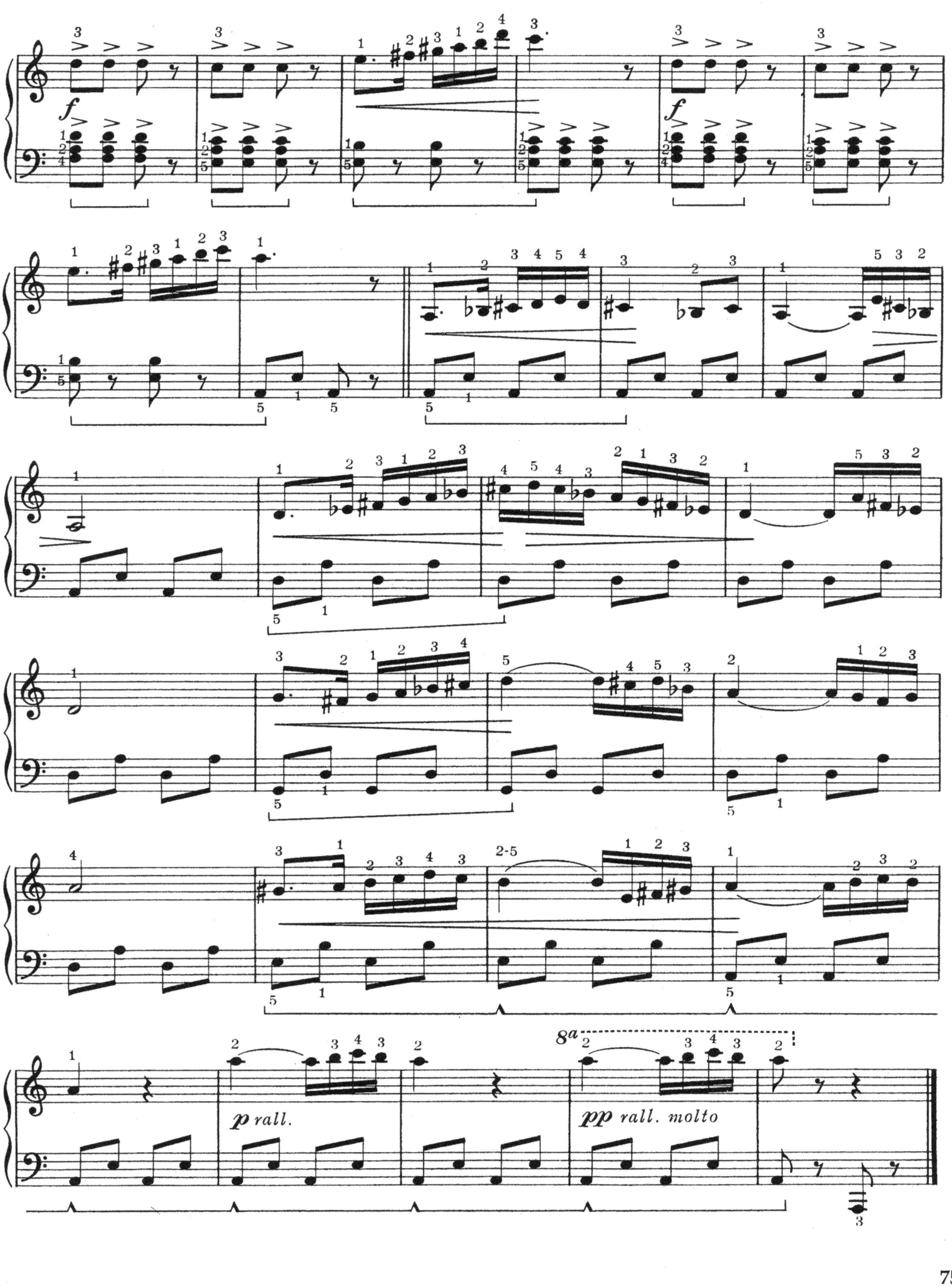
f
f
p rall.
8a
pp rall. molto

Minueto Gracioso

MÁRIO MASCARENHAS

Andamento é o grau de lentidão ou rapidez que se imprime ao movimento na execução musical.

São três os tipos de andamento, conforme a velocidade: **lentos, moderados** e **rápidos**. São indicados por palavras italianas.

ANDAMENTOS LENTOS

Largo - muito lento
Larghetto - mais lento que o largo
Lento - Lento
Adagio - pouco mais que o lento

ANDAMENTOS MODERADOS

Andante - mais que o adágio
Andantino - mais movido que o Andante
Moderato - moderado
Allegretto - mais que o moderato

ANDAMENTOS RÁPIDOS

Allegro - Rápido
Vivace - mais rápido que o Allegro
Vivo - mais movido que o Vivace
Presto - muito rápido
Prestíssimo - mais rápido que o Presto

Os andamentos podem ser afetados momentaneamente de acordo com a expressão de cada trecho pelos vocábulos que se seguem, também da língua italiana.

Apressar o andamento

ACCELLERANDO - (accel.)
AFFRETANDO - (affret.)
STRETTO - (stret.)
STRINGENDO - (string.)

Diminuir o andamento

ALLARGANDO - (allarg.)
RALLENTANDO - (rall.)
RITENUTO - (rit.)
RITARDANDO - (ritard.)

A vontade: — Ad libitum (*ad lib.*) — A capriccio, A piacere, Comodamente.

Rubato: — Expressão que indica alteração momentânea de ritmo, geralmente dentro de um tempo ou fração de tempo. É um ligeiro relaxamento da tensão rítmica.

Andorinhas Voando

MÁRIO MASCARENHAS

ANDANTE (M.M. ♩= 88)

As andorinhas fazem os seus ninhos nos telhados das casas.

mf SOL M Bem jocoso e alegre

LÁ m   O piar das andorinhas

RÉ 7

SOL M

MI 7 *f*

LÁ m

RÉ 7

SOL M

SOL M *mf*

RÉ 7

RÉ 7
SOL M
As andorinhas voam alegremente
SOL M
LÁm
Andorinhas
voando
RÉ 7
SOL M
MI 7
LÁm
RÉ 7
Cresc.
SOL M

BALADA

F. BURGMÜLLER

Allegro con brio (♩.=76)

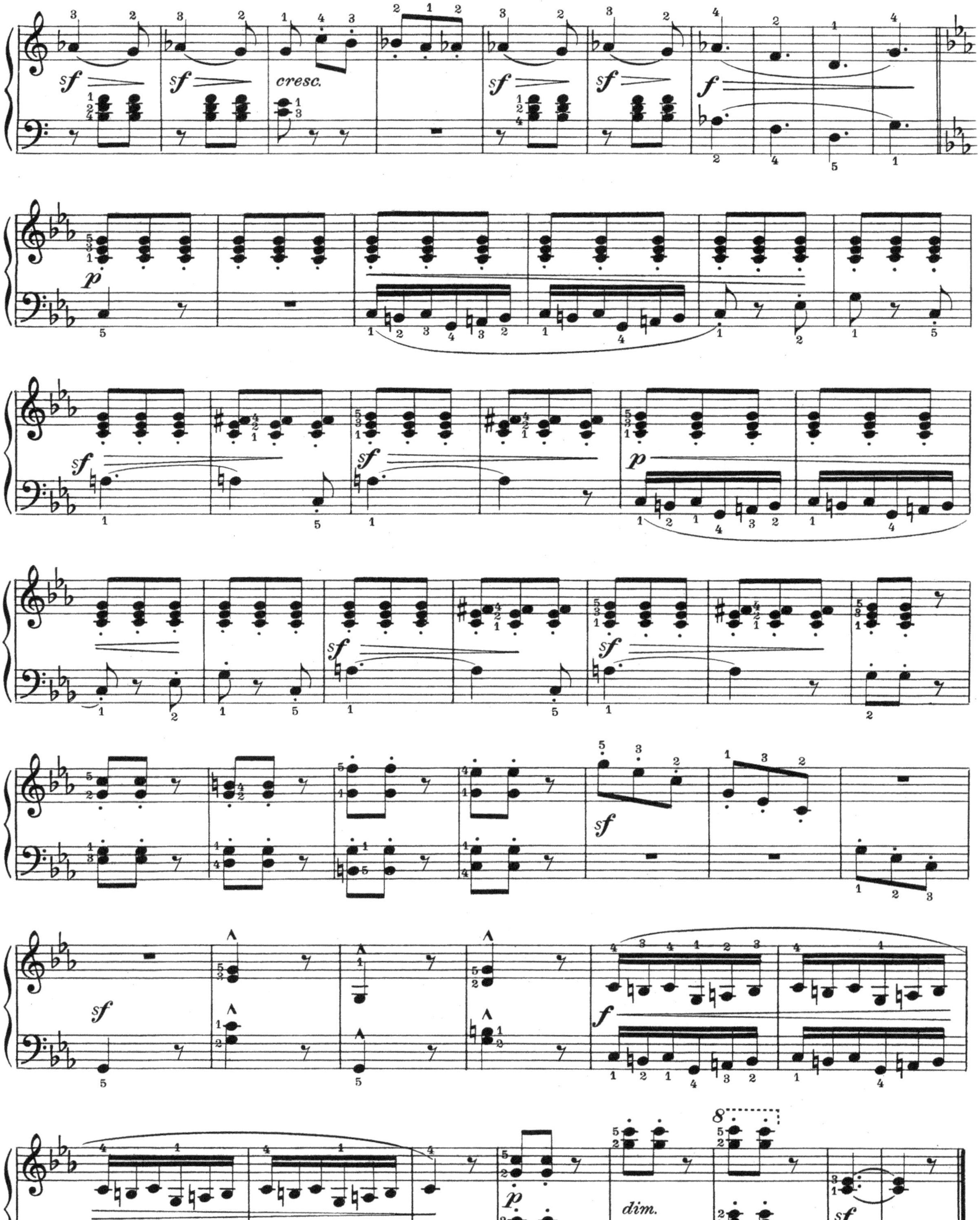
sf
cresc.
f
p
sf
f
p
dim.
sf

F. Burgmüller - opus 100

ARABESCOS

F. BURGMÜLLER

PASTORAL

F. BURGMÜLLER

DOCE QUEIXA

F. BURGMÜLLER

Allegro moderato (♩=112)

Czerny-Germer

Estudo Nº 1

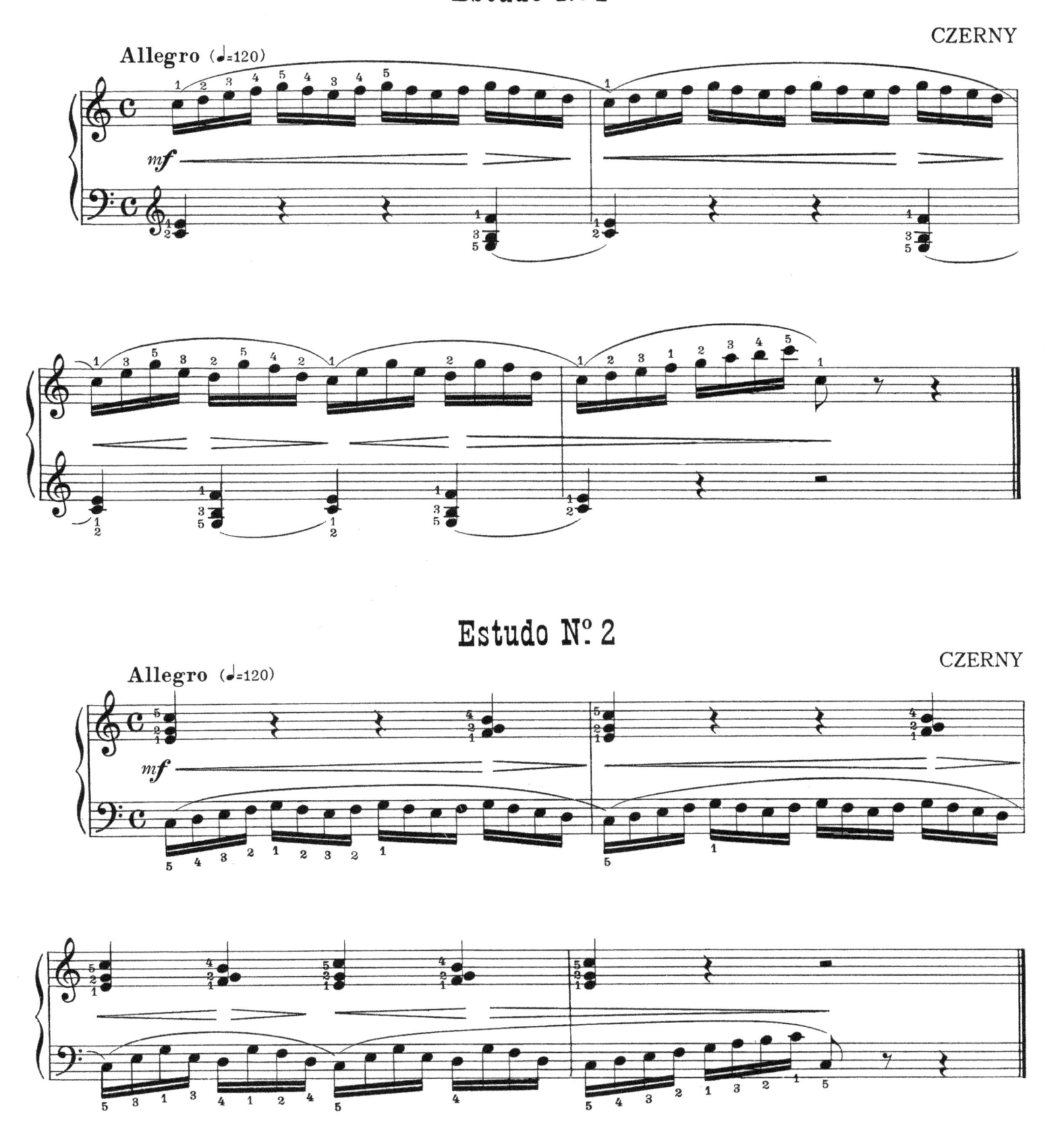

CZERNY

Estudo Nº 3
CZERNY

Estudo Nº 4
CZERNY

Estudo Nº 5
CZERNY

Estudo Nº 6

CZERNY

Allegro moderato

Estudo Nº 7

CZERNY

Allegro

Estudo Nº 8

CZERNY

Allegro

Estudo Nº 9

Allegretto CZERNY

Estudo Nº 10

Allegro vivace CZERNY

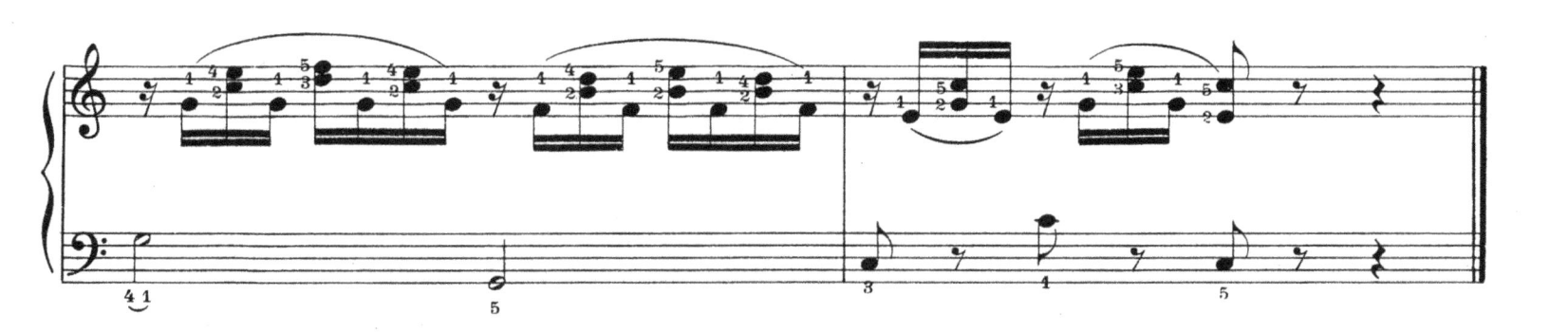

Estudo Nº 11

CZERNY

Allegro

Estudo Nº 12

CZERNY

Estudo Nº 13

CZERNY

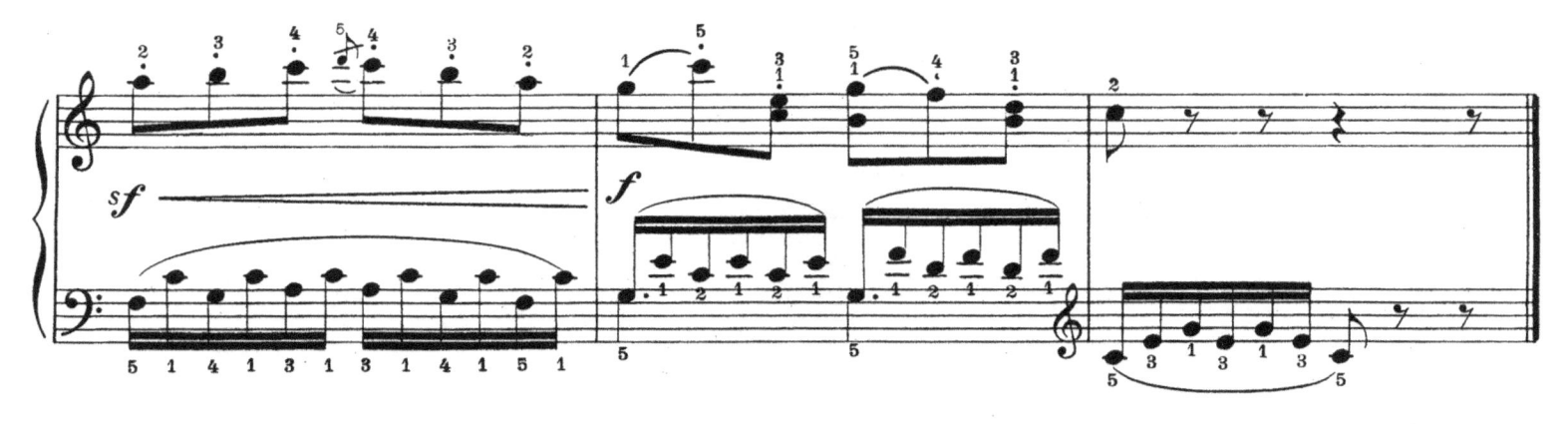

Estudo Nº 14

CZERNY

Allegro

Estudo Nº 15

Czerny

Estudo Nº 16

Czerny

Estudo Nº 17

CZERNY

O Violeiro Cantador

MÁRIO MASCARENHAS

SI♭M
FÁM
DÓ7
Gracioso e mais animado
mf
FÁM
DÓ7
FÁM
DÓ7
FÁM
DÓ7
FÁM
DÓ7
FÁM

A Canção do Ferreiro

MÁRIO MASCARENHAS

ALLEGRETTO (M.M. ♩=144) ALEGRE E GRACIOSO
MD
DÓM
ME
ME
MD
MD.
FIM
ME.
p
LÁm
Baixos imitando a bigorna do ferreiro
MI7
LÁm
LÁ7
RÉm
LÁm
Rall...
MI7
sumindo
LÁm
Ao 𝄋
ao FIM

SONATINA Nº 1
Op. 36

MUZIO CLEMENTI

Allegro M.M. (♩=136)

p
cresc.
f
sempre f
f
Andante M.M. (♩.=62)
p delicado e expressivo
tr
sf

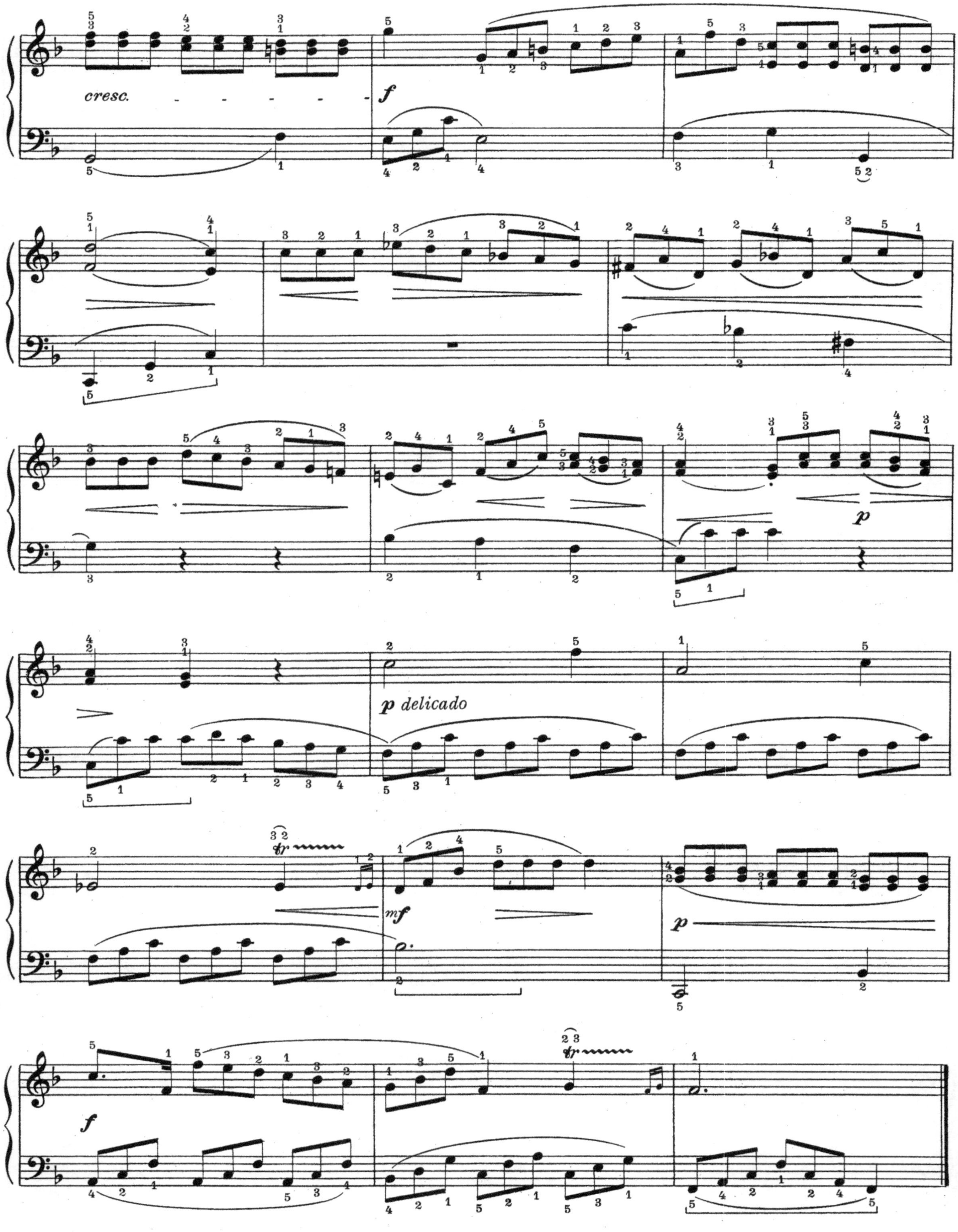
cresc.
f
p
p delicado
mf
p
f

Vivaz M.M. (♪=168)
ligado
p cresc.
p cresc.
dim.
e retardando
p a tempo
muito ligado

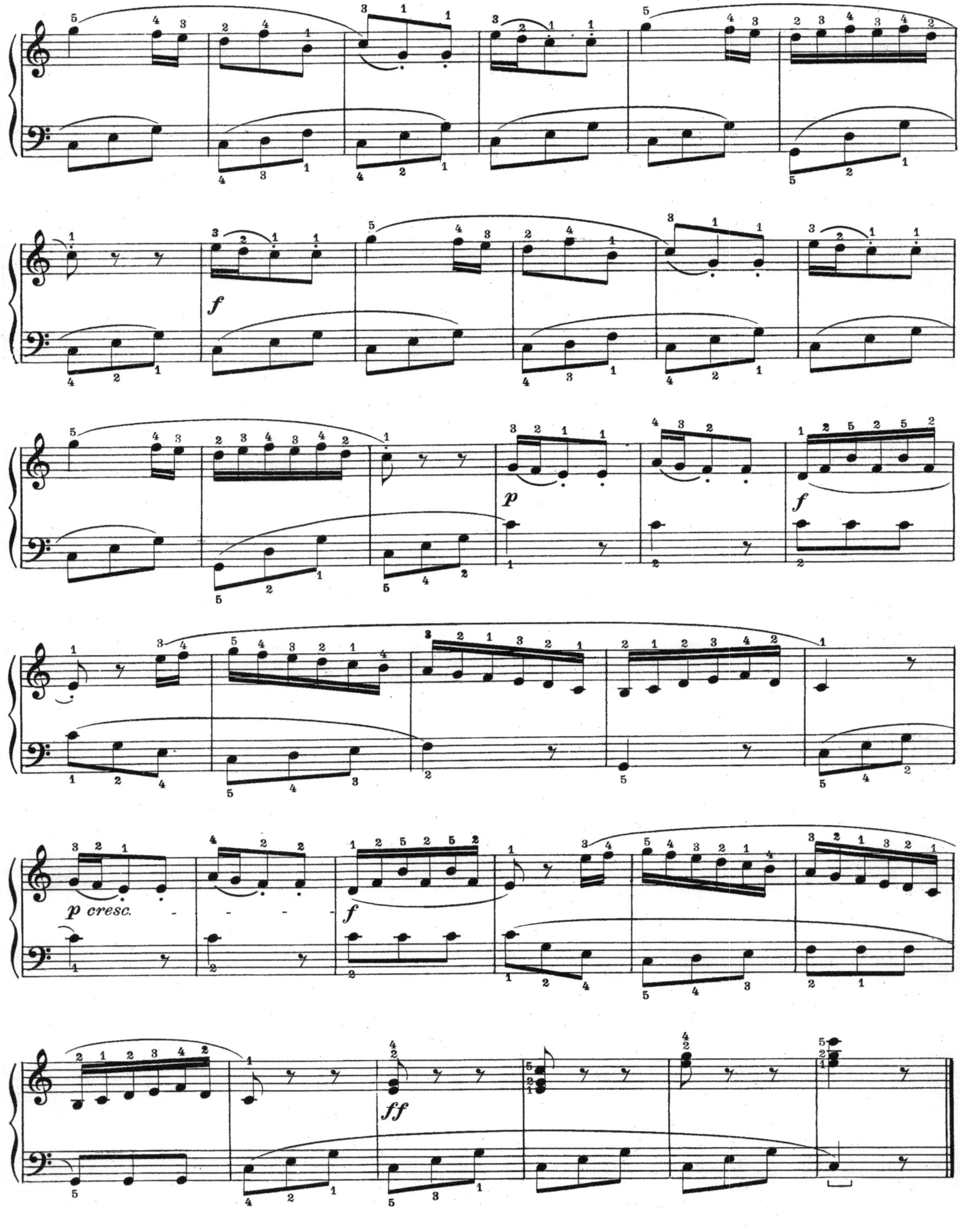
f
p
f
p cresc.
f
ff